스케치북 한 권

이윤순 시집

국립중앙도서관 출판시도서목록(CIP)

스케치북 한 권 : 이윤순 시집 / 지은이: 이윤순. — 서울
: 문학공원, 2013
p. ; cm

ISBN 978-89-6577-079-4 03810 : ₩10000

한국 현대시[韓國 現代詩]

811.7-KDC5
895.715-DDC21 CIP2013024636

문학공원 시선 81

스케치북 한 권

이윤순 시집

문학공원

시집을 펴내며

핏기 있을 때 가족 위해 살았으니
다 살고 남은 자투리 삶
이제 나를 위해 살련다
더 사그라들기 전에
자리보전하고 드러눕기 전에…

한낱 무명초의 삶이었지만
나도 푸른 들판을 위해 한 몫 했다는 증표로
내 이름으로 된
시집 한권 세상에 남겨놓고 가고 싶다

사는 동안 헌법 한 번 위반한 적 없고
남의 돈 십 원 떼먹은 적 없고
도덕적으로 손가락질 받을 짓 하지 않았으니
이만하면 이 사람도
약간의 성공은 한 삶이 아니더냐
아쉬운 대로

2013년 겨울 **이 울 순** 올림

차 례

1부 휘파람새

2부 고장난 우산

3부 오래 머물고 싶다

4부 우리 그때 만나요

1부

휘파람새

달성공원 번개시장

어둠을 발길로 차내며
돈 사냥을 위해 포수들이 모여들었다
미끼는 각자 다르다
없는 것 빼고 별의별것 다 있다

귀도 눈도 입도
새벽부터 요깃거리에 홀려있는 조찬시간이다
포수들이 돈 사냥에 분주하다
사람냄새가 안개처럼 자욱한 달성공원 번개시장

아재 포수 전대도 아지매 포수 돈치마도
볼록하게 채워지고
모닥불에 익어가는 포수들의 얼굴에 미소가 번진다

어둠 속에 박쥐 떼같이 모여 들었다가
날 밝으면 후다닥 날아가
오전 여덟 시 반이 지나면 깨끗한 차도로 변신하는
달성공원 번개시장

담배꽁초

얼어붙은 빗방울 가루
바람타고 내려앉아
길바닥이 하얗던 어느 날
내 궁뎅이에 입술대고
좋아라고 마구 빨아대며
활보하던 그 사내

쓴물단물 다 빨아먹어
쪼그라든 내 몸통을
사정없이 눈 속에 거꾸로 콕 쑤셔 넣고
침 까지 퉤…

난 서러워 울고
추워서 울고
눈은 뜨거워 울고
떠나기 싫어 울고
우리는 서로 안고 울었다

관광버스

미꾸라지들의 일상 탈출이다
맛있는 미끼를 준비해 통발에 실고
이른 아침 도로가에 기다리고 있으면
흩어져 살던 미꾸라지들이
삼삼오오 모여 든다
부딪쳐 터지지 않을 만큼
한 통발 가득 가두고 먹이를 나눠준다

실고 다니다 눈요기시킬 때나
준 먹이를 배설할 때 말고는
대부분시간을 통발 안에서 보낸다
그들은 좁은 공간이지만
불평은커녕 마냥 즐겁기만 하다
마음이 들떠있어 분위기가 최상이다

곡차 한 순배 돌리고 멜로디란 소금이
차안이 터져라 뿌려지면 좋아 어쩔 줄 모른다
정신없이 나부댄다
통발도 덩달아 신이 나 온몸 흔들어대며 도로를 질주한다
당장 삼수갑산 갈 지언정 기분은 오예…

몸은 구속되어 고달프나
정신의 탈출이 중요함을 느끼는 하루다

전구 옷

텔레비전에서
하도 에너지 절약을 외쳐대니
나무들도 공감하고 동참한다
이파리 다 털어내고
맨 몸으로 엄동을 견디는
나무들이 애처롭다

멀리서 보기엔 푸르른 소나무들도
가까이 가보면
그들도 식솔 줄이려고
누런 갈비를 만들어 흘려보내고 있다

그런데
도시 번화가에 사는 나무
그들은
전구 옷을 휘감고 산다

백설

온 세상이 하얗다
물이 환생을 해 다시 왔다
최하의 낮은 곳에만 존재하던 물이
더 이상은 참을 수 없어
현세에서는 무조건
최상의 자리에 군림한다
나뭇가지에 앉아
잎도 되어보고 꽃도 되어보고
빌딩 꼭대기에 걸터앉아 세상을 내려다보기도 한다

온 세상이 하얗다
물들의 반란이 일어났다
낮은 곳에서 더 낮은 곳으로만
몸 낮추어 기어 다니던 물이
모든 생명의 내면에서
에너지로 소진되던 물이
현세에서는 당당하게 외면에서
모든 물질들을 아주 통쾌하게 에워싸 덮어버렸다
내일 당장 물이 될지언정

도자기 찻잔

어느 날
한 마디 예고 없이
쨍그랑, 생을 마감한 너
지수화풍이 어우러져 세상에 온 너
그다지도 급히 돌아가고 싶더냐
정들자 이별을 고하는구나

너를 보내기 너무 아쉬워
차마 손에서 너의 잔해를 쉽게 내려놓을 수가 없구나
주인 잘 만났으면
몇 십 년 몇 백 년이라도
보존되었을 것을
너를 제대로 간수 못한 내가 밉구나

너를 사랑했기에
하루가 멀다 하고 고독과 외로움을 타 마시며
아끼던 너
내 다시 지수화풍으로 보내주마
문만 열면 볼 수 있는 뜰 앞 정원
예쁜 꽃그늘에다 고이 모셔주마

휘파람새

산의 유혹에 걸려들어 짬만 나면 산에 오른다
풀도 나무도 각자 다른 표현으로
반갑게 인사를 한다
표정들이 너무 밝아 덩달아 기분이 좋아진다
피톤치드를 많이 마셔 그런 모양이다
나도 들숨날숨쉬면서
치유에 효과가 있다는
피톤치드 좀 얻어 마시며 걷는다

이산에는 나를 무척 좋아하는 친구도 있다
그 친구는 숫기가 없어서
내 앞에 나서지는 못하지만
숨어서 기똥찬 휘파람으로 인사를 한다
이 나무 저 나무 옮겨다니며
나를 유혹하는 작은 휘파람새
간드러지는 그 소리는
이팔청춘 때 그 머슴아를 생각나게 한다

왕년에 내가 잘 나간 걸 알아보는 모양이네
짜식! 보는 눈은 있어가지고…

마지막 코스

이 세상 여행 왔다가
스무고개 갓 넘어 인연 만나
찐한 사랑도 해봤고
징하게 싸움도 많이 했고
좋은 것 싫은 것 다 보며
나를 육십 고개까지 바래다주고 먼저 갔다

혼자 가는 길이 이런 줄 몰랐다
그대를 만나지 않았더라면
이별이 외로움이 뭔지 몰랐을 것을
그대와 함께 닦아놓은 평탄한 길을
나 혼자 걷고 있으니
아쉬움이 산처럼 다가온다
이 세상에 나만 혼자인 것 같다

누구나 다 통과해야 하는 이길
어차피 가야할 길
만나면 헤어지고 오면 가야 하는 것이
자연에 섭리이거늘

많은 것 보고 배우고 느끼고 누리며
인생 여행의 마지막 코스를
후회 없이 지나가기위해
게으름 피우지 않고

오늘도 분발하여
그대가 지나간 이 길을
나도 한 발짝씩 떼어놓으며
코앞에 있는 칠십 고개
혼자 넘어설 준비를 해본다
무사히 잘 통과할 런지는 아무도 모른다
마지막 코스라 생각하니
세상이 더 아름다워 보인다

허수아비

닷 마지기 논배미에
허수 저거 아부지
맨날 혼자 저래 서 있네
교통사고 당했능강
다리도 외다리를 갖고
힘도 엉가이 들 낀데
고개 한 번 안 돌리고
계속 그 쪽으로만
눈이 빠지도록 보고 있네

아이구
암만 캐도
가마이 보이끼네
허수 모자 기다리는 갑따
허수 저거 어무이
딴 남자캉 눈 맞아
허수 델꼬
집나간 줄도 모리고
쯧 쯧…

단골 카페

나에겐 단골 카페가 있다
그 카페는 하루도 안 들리고 못 베기는 곳이다
하루에 몇 번씩 들락거려도
속옷 바람으로 가도
돈 한 푼 쓰지 않아도
눈치 주는 사람 없고
갔다하면 시간 가는 줄도 모른다

구수한 커피 한 잔 안 마셔도
향긋한 전통차 안 마셔도
지루한 줄 모르는
조용한 카페를 나는 즐겨 찾는다

존경하는 님들의 시향에 젖어
미소도 짓고 씁쓸해하기도 하고
답글도 남기며
세상사 잊고 다 잊고
세월을 낚는 카페가 있어
나는 좋다 참 좋다

바퀴 하나 빠진 손수레

먼지 뒤집어쓰고 흙탕물 튕기며
험한 비포장 길을
오직 앞만 보며 굴러오다
갑자기 바퀴 하나 빠져나갔다
삐거덕 덜커덩 삐거덕 덜커덩
비록 소리는 요란했지만
바퀴 둘은 언제나 하나이었기에 서로를 의지하며
좌절보다 행복을 꿈꾸며
꿋꿋이 굴러올 수 있었는데

한 쪽 바퀴를 잃어 멈춰버린 손수레는
제 자리에 그냥 서있기도 힘들어
한 쪽으로 기울어진 채 서있다
아무리 아파도
병들어 빠져나간 바퀴는 돌아올 수 없다

슬픈 현실을 지탱하기 위해
깊고 긴 호흡으로
몰려오는 회한을 추스르고
마음을 가다듬어야 함은

오롯이 남은 바퀴에 몫
기운 쪽을 고여줄 받침대를 대신할
그 무엇을 찾아
오늘도 비상을 위한 날개를 퍼덕인다

낮달

창백한 얼굴
청순 가련파
가냘픈 여인
하얀 소복하고 마실나온
열이틀 낮달은 청상과부다

해 저물고
청천에 어둠이 깔리면
어둠이 짙어질수록
발그레 달아오르는 얼굴이 민망해
얇은 구름 한 자락 붙잡아
살짝 가리며 미소짓는
그녀는 청상과부

속내 드러내지 않으려
요염함 도도함 애써 뽐내며
끓는 젊음 속으로 삭이면서
가신님 못 다한 사랑에
잠 잃고 중천을 떠도는
그녀는 청상과부

도로는 강이다

크고 작은 기름 알맹이가 도로에 강을 이루어 흘러간다
더러는 넘쳐서 샛강으로 새는 놈도 있고
색깔도 다양하다

물은 한쪽 방향으로 흐르니 고이는 곳이 있지만
기름은 양방향으로 오가기를
반복하니 고여 있을 새가 없다

도로를 오가며 껍데기만 남을 때까지
공기 중으로 다 뱉어버린다
사람과 나무들이 몸살을 앓는다
밤이 되면 불을 켜 물고 불빛의 강으로 변한다
불의 물결이 쉴 새 없이 흘러가고 흘러온다

4대강처럼 중간중간 보가 있어
고였다 흐르고 고였다 흐른다
어디서 와서 어디로 흘러가는지 알 수 없지만
밤낮 흘러가고 흘러온다
도로마다 기름이 저렇게 계속 흐르고 있으니
우리 대한민국은 누가 뭐라 해도 부자나라다

한강

내 이름은 한강입니다
한이 많아 한강이라 합니다
나라도 허리 잘려 두 동강 났는데
내 어찌하다 수도조차 남북으로 갈라놓았습니다
제가 죄인입니다
입이 열 개라도 할 말 없습니다

유람선이 내 살갗을 헤집고 다녀도
강북 강남 귀한님들
억울할 때 분할 때 돌팔매질하고
목청껏 고함질러도 나는 유구무언입니다
참회하는 마음으로 다 품고
숨죽이고 그저 묵묵히 흘러갈 뿐입니다
귀한님들 하소연 언제 그칠지 모르지만
그날이 언제든
그날이 올 때까지 흐르고 또 흐르며
응어리 다 씻어드릴 것입니다
아름다운 서울을 위하여
있는 힘 다할 것입니다

하지만 하늘에 별도 달도
연인들 사랑의 언약도 속삭임도
내 품에 안기지만
그것들은 다
그 자리에 놔두고 갈 것 입니다
우리의 행복한 서울을 위하여

태양이 뿔났다

올 여름 태양에겐
휴일도 휴가도 없다
열 받아 어제 밤 한잔 했는지
취기 가득한 얼굴로 출근이다

눈치 굵은 바람 피서 떠나 부재중이고
초목들은 기죽어 부동자세로 서 있다
억세기로 소문난 억새도 끈질긴 잔디도
아파리 세로로 말고 실눈 뜨고 조는 척 하는 한낮

태양을 처음 보는 저수지 바닥도
화들짝 놀라
입을 쩍쩍 벌리고
다물지 못 한다

일본인들

하늘이 노해서 바람으로 절단내고
땅이 꺼지도록 흔들어대도
지은 죄 반성할 줄 모르는 사람들아
태풍 맞아 정신이 어찌 됐나
땅이 자주 흔들리니 머리가 어찌 됐나
후안무치도 유분수지
가슴에 손을 얹고 생각 좀 해봐라
인간이길 포기하면 무슨 짓은 못할까
양심은 누구한테 다 팔아먹었나
떨떨한 소리 좀 하지마라
골 아픈 소리 그만 하고
있는 땅이나 잘 지키라
언제 또 쓰나미가 올지 모르니

이승을 전송하다

그이가 있었기에
낯선 길 겁 없이 나설 수 있었습니다
우리 둘 만의 오솔길
그이는 날 믿고 나는 그이 믿고
손잡고 나섰습니다

방향을 잃어 방황도 좌절도 맛보았습니다
몹시 추울 때도 있었고
배고플 때도 있었지만
그이와 함께 했던 걸
지금 와서 후회하고 싶진 않습니다
오히려 고마웠다고, 감사했다고
이승 발신의 문자메시지를 날려주고 싶습니다

둘이서 걸어 지나왔던 길을
혼자서 돌아보니
그 여정 자체가
멋진 인생이었고
아름다운 추억이고
행복이었습니다

외면당한 달

옛날의 밤하늘은 내가 주름 잡았다오
별들도 수없이 많았지만
내가 나타나는 날은 모두 숨죽이고 있었다오
날 우러러 보며 소원을 비는 사람
사랑을 고백하는 사람
그 수를 헤아릴 수 없었다오

그러다 세월이 변해 가로등이란 녀석
거리에 불 들고 나오고부터는
그때 그 님들 날 거들떠보지도 않는다오
하찮은 날파리들마저 나를 외면하고
그 녀석에게만 몰려들어
목숨 바쳐 충성을 맹세하니
고등동물인 사람이야 여북하겠소

밤마다 뒤에서 물끄러미 지켜보고 있는 이 몸
수 백 년도 아닌 수 십 년 사이에
뒷방 늙은이 신세가 되었다오
시인이여, 내 이 심정을
당신들이라도 알아줬으면 좋겠소

같은 차를 탔지만

에 엥… 이용… 이용… 이용…
놀라 깨어 시계 보니 새벽 3시 20분
누가, 어떤 이가 이 시간에
이승과 저승의 경계를 오가는 모양이다
잠 친구는 소름이 오싹
식겁을 하고 줄행랑친다

정확히 5년 전
한 남자는 살고 싶어서
한 여자는 살리고 싶어서
밤에는 119
낮에는 구급차로
교통신호도 무시한 체
전속력으로 달렸지만

결국, 남자는 외로운 산으로
여자는 텅 빈 집으로
같은 날 같은 차를 타고 달렸지만
가는 곳은 각자 달랐다

방심은 금물

높은 곳을 즐겨
높은 곳에 몸담고 살면
낚싯바늘에
걸려들기 쉬워
몸조심은 필수다
돈낚시
술낚시
그물낚시
줄낚시
미인낚시
미끼도 다양하다
방심하면
추락은 시간문제다

2부

고장난 우산

공원 화장실

성인도 시대를 따라야 한다드니
당신도 시대 따라 퍽이나 변했구려
우리 집 안방보다 더 깨끗하구려
마치 꽃숲에 온 듯 그윽한 향기 품기는
당신 안에 들어와 있으니
나 몇 살 되지 않았지만
옛날, 당신 조상이 생각나오

옛날 그때는 참, 말도 마소
생리를 거역할 수 없어
참다 참다 들어가면
바로, 똥파리란 놈이
텃세 값한다고 그러는지
건더기 보호한다고 그러는지
사방 윙윙 날아 헤딩하면서
협박하고 난리도 아니었다오
그뿐 아니오,
눈코를 폭 찌르는 가스에다
날숨만 쉬고 들숨은 아주 조금씩만 쉬며
꾹… 참아야 했다오

그 어려운 환경을 꿋꿋이
버텨온 조상이 있었기에
오늘 날 삐까번쩍한
당신네가 있게 된 거라오

나이

난 그를 모르고 산다
아예 결별을 하고
저 따로 나 따로
따로국밥으로 살기로 했다
그 녀석,
암만 꼬셔봐라
꿀아재비를 처발라 놔 바라 내가 먹나
앞으로는 상대도 안 할 끼다
그 녀석한테 폭 속아 가이고
공짜라고 수십 년 먹었디이마는
부작용이 일키 심할 줄은
내 미처 몰랐데이
인제 누가 뭐라케도 안 묵을 끼다

거름으로 보답하고 싶다

부모님 은덕으로
아름다운 이 땅에 왔다가
오만가지 자연의 혜택 공짜로 누리며
잘도 살아 왔다
지금 당장 돌아간다 해도
그저 미안할 뿐
후회도 미련도 없다

하찮은 이 몸을
차별 없이 보듬어준 자연에게
감사와 고마움을 느끼면서

이 땅을 오염시킨 죄 너무나 크기에
내 생의 마지막이 오면
그때, 용서를 비는 의미로
이 한 몸 가루가 되어
한 그루 나무에게나마
거름으로 보답하고 싶다

지구의 모양 따라

사람들은 둥근 지구에 살면서도
네모를 좋아한다
네모 건물 네모 사무실 네모 방
네모 침대에 네모 책상 네모 책 네모 TV
마음까지 모가 생겨 성격이 까칠하다

나 어릴 적 고향에서는
잔칫집의 젓가락장단 합창소리가
온 동네를 밤새도록 뒤 덮어도
아이쿠! 그 집 잔칫집 같네
같이 즐거워했었는데

요즘은 그리 크지 않은 소음에도 목숨 걸고 싸운다
모난 사람을 정으로 두들겨
뭉글게 만들려고 애쓰지 말고
인정으로 다독이며
지구의 모양 따라 둥글둥글 부대끼며 살다보면
자신도 모르게 해변의 몽돌처럼
순응하며 살 수 있겠지

바다의 호소

바다란
무엇이든 다
받아준다고 해
바다라 말한다

그러나 끝없이 몰려드는 쓰레기
더 이상 못 받아주겠다고
밤낮 울부짖으며
육지를 바라보며 하소연하고 있다

사람들은
그 뜻을 알아차리지 못해 무심하고
호소 전할 물살은 육지에 올라서려 용을 쓰지만
결국 자국만 남긴 체
자꾸 뒤로 나자빠질 뿐이다

복날

딸아이에게
삼계탕 대신 얼큰한 낙지볶음 얻어먹고
후식을 찾아
탱글탱글 풋대추세대들 모여드는 카페에
묵은 대추가 겁 없이 들어갔다

할매가 이런데 온다고
욕 하는 거 아이가…
아이다아, 엄마는…
뭐 어때서 괜찮아예…

젊은 기의 소용돌이에 휩싸여
시간 가는 줄 모르고
옛날 일꾼 밥그릇만한 그릇에
고봉으로 담아 온 팥빙수에다
아이스 아메리카노 한 잔 비우고
빵빵한 냉방에서 히야시 완벽하게 되어
딸아이와 헤어져 집으로 오는데

가로수의 그림자도 뜨거워서 평수 줄이고
나무 밑으로 기어드는 시간인데
나는 봄날 같이 따뜻하기만 했다
슬며시 그 카페의 전기세 걱정을 하며

백수들

자동화에 밀려난 어느 백수가
답답한 마음에 시골의 한 농가를 찾아갔더니
빈집 지키던 외양간에 소가 질겅질겅 껌을 씹으며
눈을 지그시 아래로 뜨고
선명한 쌍꺼풀을 은근히 자랑하며 하는 말

보소, 백수되었다고 너무 낙심 마소
알고 보면 여기 시골에도 백수가 넘쳐난다오
나야 백수된지 오래지만
좋은 주인 만난 덕에
끼니는 꼬박꼬박 얻어먹고 있소만
주인님 관심 밖에서 세월만
갉아먹고 있는 백수도 참 많다오

저기 헛간에 가보면
쟁기 써레 멍에 질매 머거리 지게 바소쿠리 똥장군 삼태기 멍석 끌망태 탈곡기 풍구 밀개 도리깨 가마솥 김칫독 절구 빨래방망이 다듬잇돌 부채 등잔 호롱불
수도 없이 많다오

당신이나 나나 시대를 잘못 만난 탓이지
아무 잘못도 책임도 없소
그저 배나 골치 않거든
마, 입 다물고 사소
이 땅에 백수가 당신뿐이 아니잖소
참고 살다보면 분명 좋은 날도 있을 거요

고장난 우산

봄도 아니고 가을도 아닌 장마철
그녀가 바람이 났다
요조숙녀처럼 얌전히 있다가도
내가 손잡고 나기만 하면
염치도 눈치도 없이
치마를 번쩍번쩍 들어올린다

아무리 자중하라고 달래며
꼭꼭 오므려 놔도 소용이 없다
기회만 되면 치마를 벌리며
때와 장소를 가리지 않는다

나한테서 완전히 벗어나고픈 모양이다
정승도 제하기 싫으면 못 하는 법
그래, 그대 소원대로 해 주마
나도 바람난 사람 용서할 수 없으니

인생열차 3등 칸

인생열차 비록 3등 칸이지만
옆지기랑 나란히 앉아 세상구경 재미 솔솔 했는데
종착역까지 무사히 같이 갈 수 있다는
기대감에 부풀어 있었는데

인생열차가 겨울 문턱에 들어서던 어느 날
생의 멀미를 이기지 못해
동석했던 옆지기는 하차하고 말았다

창밖 설경을 홀로 바라보니
봄 여름 가을과는 전혀 다른 새로운 풍경이
혼자보기 너무 아깝다
두고 내린 옷가지도 주인 잃어 시무룩하다

옷을 훌훌 벗고 풍덩 빠지고 싶도록
호수같이 푸른 가을 하늘 아래
모든 열매는 따스한 햇살과 어우러져
맛과 향 돋우며 아름답게 익어 가는데
이 가을 나만 볼품없이 익어가누나

과유불급

적당, 무엇이든 적당, 적당한 게 좋다
지나치면 모자람만 못하다

욕심이 과하면 인생을 망치고
과잉보호는 상대를 연약하게 만들고

사랑도 과하면 집착하게 되어
상대를 구속하고

음식도 과하면 몸을 상하게 하고
운동도 과하면 몸이 병들고

웃음도 과하면 실성하게 되고
다이어트도 과하면 위험이 따르고

충성도 과잉 충성은
상관을 욕되게 한다

큰 大자로 누워

독방에 독 이불에
큰 대자로 뻗고 누웠으니
몸은 편해 좋은데 마음은 편치 않다
천정을 마주하며 세월 속으로 빠져본다

돈에 맞춰 얻은 좁아터진 단칸방에
문 쪽에 신랑 눕고 안쪽으로 새끼들 눕히고
다섯 식구 함께 잘 때
윗목에 물 사발 얼었어도 그때가 좋았구나

갈구치는 것 하나 없는 넓은 방엔
텔레비전만이 저 잘났다고 떠들어대고
옆구리 파고들던 식솔들 대신
고독들이 방안 가득 들어앉아

저거캉 내캉 같이 자자 카네

보기 좋은 것에는 독이 있다

무공해 과일이 효소가 살아있고
무공해 채소가 향이 진하다 해도
약 바른 과일 채소가 더 인기있고

무공해 꽃이 향이 좋다지만
약 묻은 꽃을 더 예뻐하고

무공해 사람이 사람냄새 더 나지만
성형해 꾸민 얼굴 더 선호한다

무공해 공기가 건강에 좋다는 거 다 알지만
사람들은 자꾸만 서울로 모여든다

될랑강

사람이라고 다 사람이 아니 듯
눈이라고 다 눈이 아이고
귀라고 다 귀가 아이더라

꼬부랑 소리 암만 들어도
라면 글자 암만 봐도 모르겠더라

뻔히 보면서 모르는 나의 눈
뻔히 들어도 못 알아듣는 나의 귀

유명한 안과나 이과에
찾아가 수술하마 될랑강

암

소리 소문 없이
안개처럼 스며든 그놈한테
내 아들 딸의 아버지
내 손자의 할아버지를 도둑맞았다

그놈
그 지독한 놈
도둑을 맞으려면
개도 안 짖는 다 카디이
감쪽같이 모르고 있다가

어느 날 갑자기 알았지만
호미도 가래도 소용이 없더라
개라도 좀 짖어주었으면
문단속이라도 해봤을 낀데

늙은 의자

멋진 나무로 태어났다가
생명 바쳐 다시 태어난 너
너도 나처럼 세월 이기지 못해
관절마다 병이 들었구나
내가 아야야 하며 앉으면
너도 아야야
내가 아야야 하며 일어서면
너도 삐걱삐걱
신음소리 들어 보니
너의 관절통도 심각하구나
어느 날 하루 날 잡아
의사 불러 너랑 나랑 같이
치료해 보자구나

분화구

내 옆자리는 공석이다
체구도 그리 크지 않은
한 사람이
비워놓고 간
자리이지만

체구 큰 열사람이
와 앉아도
채워지지 않을 만큼
큰 공석이 내 옆에 생겼다
분화구 같은

아메리카노

가무잡잡한 피부에
쌉사름한 향기로 다가와
내 마른 입술 촉촉이 적시며
침샘을 자극하는 당신
고운 색깔도 아니고
달콤하지도 않은
당신의 은근한 매력에
내가 완전 홀렸다오

하루라도 만나지 않으면
왠지 허전한 당신
연인끼리의 달콤한 속삭임엔
쉼표가 되어주고
서먹한 대화에는
이음새가 되어주고
고달픈 사람에겐 위로가 되고
활력소가 되는 당신
날마다 마주해도 싫증나지 않는
매력쟁이 당신

취객

영혼은 저승에 두고
육신만 이승에 있는 취객아
지붕 높아 시원하고
방 넓어 좋겠구나

체면과 자존심은
전봇대에 걸어놓고
숙박비 내었는가
지갑도 열어놓고
술의 품에 안겨 단잠에 빠졌구나

천하에 나 이길 자 있으면
나와 보라고 해

술이란 놈 껄껄껄
웃는 줄도 모르고

정상은 미끄럽다

사람들은 누구나 정상을 원한다
그러나 그 정상에는 눈보라쳐
몹시 춥고 미끄럽다
추락의 위험이 도사리고 있는 곳
힘들고 외롭다는 곳이다
그래도 사람들은 그 곳을
끊임없이 추구하고
오르면 또 우쭐댄다
결국 언젠가는
내려와야 하는 것을
바라건대
내려올 때는
제발 빈손
빈 마음으로 내려오기를

새해 아침

잠을 설치며
해돋이 보러 동해에 갔다
자가용들이 줄에 엮여
기차가 되어 저속으로 기어갔다

인해 속에 남극의 펭귄 때 가되어
촘촘히 서서 동쪽 수평선 끝을 바라본다
선발대로 가있던 구름이 해를 건져올린다
덜미 잡혀 올라온 것은 해가 아닌 달이다
구름이 달을 품고 얼었던 몸을 녹이며
물기를 말리고 있다

손 모아 눈감고 잠시 마음을 전하는 동안
구름 사이로 찡긋이 날 째려보는 것은
달이 아닌 해다
그 새 구름이 말리고 닦아
눈이 부시도록 광이 난다

도대체 왜 이렇게 난리 법석이냐고
너희 동네에는 해 구경 못 하냐고
산위에 지붕 위에 뜨는 해는
새해가 아니고 헌 해냐고

해가 나에게 일고를 가한다
난생처음 남이 장에 간다고 덩달아 따라나선
자신이 원망스러운 새해 아침이다

배가 산으로 가리라

선장이 부재하니
선원들이
제멋대로다

뭉쳐도 모자랄 판에
전원이
선장이라

거센 풍파
만났을 땐
자초 아니면 산행되리라

3부

오래 머물고 싶다

어설픈 시인

밤비에 목욕 재개한
연 초록에 비슬산
어설픈 숲에서
어설픈 시인이
어설픈 나무 그늘에 앉아
시를 받아 적어본다

새들도 바람들도 계곡물들도
자기들만의 언어로
계속 뭐라고 시부리샀는데
신출내기 시인은 영
알아들을 수가 없다

신지 시조인지
유행가인지 팝인지
어떤 이바구를 하는 건지
보이는 대로 들리는 대로
느낌대로 한 번 적어보는데

뭘 알아듣기나 하고 끼적거리느냐고
내려다보고 있던 나무들이 실실 웃는데
듬성한 그늘 사이로
해님이 찡긋 윙크하며
잘 하고 있는 거라며
힘내라 어깨를 토닥여준다

칼바람

부스럭부스럭
무슨 소릴까
혹시 도선생이 온 건 아닐까
살며시 창문 열고
까치발로 살펴보니
달빛 얼어붙은
창틀 아래
밤새도록 온 골목을
칼 휘두르며 누비던 그가
지쳐서
무디어진 칼 놓아버리고
검은 비닐 봉다리
뒤집어쓰고
이리 뒹굴 저리 뒹굴
뒤척이며 노숙하고 있다

바위

산봉우리 정상에
거만하게 폼 잡고 앉아
마을을 굽어보고 있는 당신
혼자만 잘 났다고
거드름 피우지 마시오
당신이 그 높은 곳에서
무사히 지탱할 수 있는 것은
수많은 흙과 돌
이름 모를 풀과 나무들이 합심하여
정성껏 떠받들며
희생하고 있는 덕분인 줄을
분명히 알아주었으면 좋겠소

잠 친구

소싯적 그 친구는
날 무진장 좋아해서
밤마다 접근해서
일 많은 나를 힘들게 했다
호롱불 앞에서 십자수도랑
홀치기를 할라치면
그 친구는 늘 방해했다
같이 자자고…

눈도 코도 없는 그 친구
내 모습 변한 걸 알아보는지
나 보다 더 좋은 친구 생겼는지
요새는 오다가 말다가
제멋대로 하네
몸 늙어지니
친한 척 하는 건
병이란 친구밖에 없구나

상호 작용

사람이 책을 만들고
책이 사람을 만든다
사람이 직위를 만들고
직위가 사람을 만든다

사람이 옷을 만들고
옷이 사람을 만든다
물이 물길을 만들고
그 길이 물의 이름을 만든다

하여,
사람도 물도
위치에 따라
행동과 언어들이 달라진다

멋진 삶을 보여주기 위해

나는 간다
지금도 가고 있다
과거에서 현재로 왔듯이
어제에서 오늘로
또 내일로 가고 있다

내 인생의 수레에
온갖 잡동사니 다 싣고 간다
아무도 보지 못하게
흘러내리지 않게
마음의 덮개로 꽉꽉 씌워서
빈 수레인양 버거운 티 안 내고
아주 가볍게 즐거운 듯
웃으면서 끌고 간다

이제부터는
잡동사니 따윈 필요 없다
화려하지는 못해도
멋지고 행복한 것만 만들어 실을 것이다
사랑하는 후세에게

나의 멋진 삶을 보여주기 위하여

비록 가늘어진 생이지만

주말의 아침

한 주간 쌓였던 피곤함을
늦잠으로 떨쳐내고 있는
나의 보물들은
그이와 내가 이 세상에
존재했음을 알리는 증표다

보물을 잘 보존하기 위해
오늘 아침도 끼니 준비를 한다
아침 특별 메뉴는 오동찌개
동태 한 마리와 오징어 한 마리에
육수를 붓고 끓인다

청양고추 마늘 다지고
맹목적 사랑도 듬뿍 넣고
화목도 한 움큼 첨가한다
오동찌개가 오르는 밥상엔
따끈한 행복의 향이 번진다

'잘 먹겠습니다'하며
둘러앉은 2세 3세 보물들에게
알싸한 청양의 맛과 어우러진
나의 사랑이
미처 깨어나지 않은
세포 구석구석까지 전달되는
주말의 아침이다

오래 머물고 싶다

세상은 자꾸 좋아지고
몸뚱어리는 속없이
세월과 어우러져 저만치 가고
배터리도 고갈되어
해가 서산에 걸렸는데

나이 숫자가 낯설어
적응이 안 돼
거울 속의 나를 보며
노년앓이를 한다

주름의 수만큼 지혜도 쌓였고
인생도 사랑도 알만 하고
철도 무겁도록 들었는데
가로 늦게 글밭에 싹을 틔우고 보니
꿈 많은 소녀가 되었네

누가 세월 좀 빌려준다면
글밭에 뿌리내리고
오래오래 머물고 싶다

시계

다람쥐 쳇바퀴 돌 듯
쉬지 않고 발걸음 옮긴다
재깍재깍 혼자만의 언어로 독백을 하며
바쁜 세상임에도 보폭에 변화도 없이
남이야 가든 오든 상관치 않고 묵묵히 간다
세월을 옮겨놓아야 할 운명을 거역할 수 없기에
그저 앞으로만 간다
뒤도 보지 않고

큰 불알 덜렁덜렁 흔들며
긴 작대기로 숫자 가르치며
저만 시계인양 댕 댕 댕
수선 떠는 괘종시계야
불알 있는 너나
불알 없어 조용히 가는 탁상시계나
세월 옮기는 속도는
같다는 사실을 인정하고
좀 으스대지 마라라

그루터기

미인박명이라 했던가
잘 생긴 죄밖에 없는 윗동
하는 수 없이 내어주고
그가 풀섶에 주저앉아 일어설 줄 모른다
쓸모 있는 사람
저승사자가 더 좋아한다지
함께 하던 그늘도
온데간데없는 오뉴월 땡볕에
산비알에 퍼질러 앉아
동그라미 그리며 지난 세월 헤아린다

굽은 나무가 선산을 지킨다 하지만
그도 이산에 터줏대감
정든 선산 끌어안고 산사태를 걱정한다
행복이 높은 곳에만 있는 줄 알고
위만 바라보며 살던 그
세찬 바람에 냉정한 경쟁에
달콤한 유혹은 다 지난날 얘기다

낮은 곳에 몸담고 있지만
싱그러운 야생초와 어울려
풀벌레 소리 벗 삼아
실바람에도 각자에 표현으로
애교부리는 그들 속에서
마음을 공유하는 그가
세상 누구보다 행복한
참 삶을 살고 있다

눈과 햇살의 조우

밤사이 창틀에
살짝 내려앉은 그녀
아침 햇살과 조우한다
어떤 관계인지
소리 없이 울기만 한다

짧은 만남이 아쉬운지
긴 이별이 서러운지
부둥켜안고 흐느낀다
울다 울다 지친 그녀
털썩 주저앉더니

어디론가 사라져 버리고
창틀엔 눈물만 흥건하다
꿈같은 만남이 이별이
너무 허망해
넋을 잃은 햇살
오전 내내 창틀을 떠날 줄 모른다

시 · 1

그는 나의 진정한 벗
영원토록 함께 하고픈 친구
내 마음에 보톡스다
속내 다 털어 보여도
위로도 핀잔도 주지 않는 그 깊은 속내
은근히 내 마음을 잡아끄는 매력쟁이
그를 좋아한지 오래다

늘 같이 있지만 멀게만 느껴지는 버거운 그
더 가까이 하고 싶은 욕심에
자꾸 다가가 본다

쉽게 마음 열지 않는 도도한 그에게 배신감 느껴
때로는 토라지기도 하지만
그냥 포기하기엔 너무 아쉬운
마음 어쩔 수 없다
나, 비록 눈뜬장님일지라도 나의 예민한 촉수를 이용해
그가 흡족해할 소재들을 찾아헤맨다
내 마음 받아줄 때까지 해바라기 하면서

민 씨 할매

한적한 골목 담장 밑
한 켠에 엉덩이 살짝 비켜 앉은 민 씨 할매
그 곱던 노란 청춘 어디가고
길게 뺀 목에 머리는 호호백발이다

나, 여기 목 빠지게 기다리다
흰머리 삭발하고 그냥 이 자리에 주저앉아도
그대향한 이 마음은 변치 않을 거라오

행여, 날 찾아왔다가 못보고 가거들랑
내년 춘삼월에 다시 와주소서

어느 바람 좋은 날
어디엔가 계실임에게
여문 그리움 바람에 실어 사방팔방 수소문한다

봄의 애상

아지랑이 아물거리는 봄
내 외로운 눈동자
강남새 비행하는 허공을 보네
산처럼 쌓인 그리움
세월 속에 묻고
빗장 지른 내 빈속에
훈풍은 푸른 잎 몰고 와
빈 가지 채우는데
내 아픈 그리움에 응어리는
내 속에 서리되어 뿌려지는가
지울 수 지울 수 없는
이맘때면 떠오르는 영상
하얗게 바래버린 내 사랑
쓸쓸한 뒷모습

푸른 낙엽

가을이 아직 저 만치 있는데
된서리 맞은 듯
낙엽 되어 몸져누운 너
오뉴월 뙤약볕에 더위를 먹었더냐?
천둥번개에 경기를 했더냐?
거센 바람에 골병이라도 들었드냐?

봄에 와서 가을에 가는 것이
자연의 이치거늘
너를 잉태하기 위해 고통 감내한
모체를 뒤로 하고
퇴색되지 않은 짙푸름 머금은 채
땅에 나뒹구는 푸른 친구야

너의 그 사연을
저 매미들은 아는 듯
그칠 줄 모르고
울어대는구나

무정한 세월

세월아 너만 가지 나는 왜 데려가나
너를 따라 허둥지둥 뒤 안보고 오다 보니
티 없던 내 얼굴이 검버섯 만발 했네
한심해 거울 보니 낯선 할매가 마주 보네

못 다한 일도 많고 한도 많은데
제발 나를 두고 너 혼자 가거라
무정한 시곗바늘 반대로 돌아가게
수리점에 맡겨 수리해볼까

잠 못 드는 달

야심한 밤 중천에서
긴 밤 잠 못 들고
뜬 눈으로 지새는 달아
너는 무슨 사연 있어
그리도 잠 못 이루느냐
부모님 여였느냐
사랑한 임 잃었더냐

창 넘어 방안까지
밤마다 기웃대는 표정 없는 달아
잠 못 이루는 이 너뿐 아니란다

창틀 흔들어대며
몸부림치는 저 바람도
우웅우웅 소리내어
통곡하는 전깃줄도
도망간 잠 친구 기다려
뒤척이는 나도 뜬눈으로 지새우기는
너와 다를 바 없단다

길

우리네 인생길
목적지는 그 한 곳뿐이다
그러나 가고 있는 길이
제 각각 다른 것은
우리 인생길엔
이정표가 없기 때문이다

우리네 인생길
목적지는 그 한 곳뿐이다
그러나 도착하는 시간이
제 각각 다른 것은
우리 인생길엔
각자 걸어온 길이 다르기 때문이다

우리네 인생길
목적지는 그 한 곳뿐이다
그러나 행복감이
제 각각 다른 것은
우리 인생길엔
가지느냐 봉사하느냐 다르기 때문이다

그림자

하늘이 꾸무리하이
뚝, 저녁 굶은 시오마이 같이
잔뜩 찡그리고 있다
금상이라도 설음의 눈물
뚜둑뚜둑 흘릴 것 같다

이런 날은 산책하기 좋은 날이다
창이 긴 모자를 안 쓰도
꺼실리지 않아 좋고
덥지 않아 좋다

새기새기 부지리이 걷다가
왠지 허전해 주위를 둘러보이
자국자국 따라 댕기던
껌디이 친구가 안 빈다
앞에도 옆에도 뒤에도 없다
눈을 닦고 봐도 흔적이 없다

내 아니면 몬 살고
내 아니면 존재할 이유도 없따꼬
알랑방구 끼미 따라 댕기던 그 친구가
밤사이 변심했는 갑따
햇빛이 부재인걸 보니
날 따돌리고 저거끼리 눈 맞아
데이트 갔능 갑따

시 · 2

당신은
나를 잡아준
나를 일으켜 세워준
내 인생의 버팀목이자 영양주사

당신은
나의 주치의
내 마음에 청소부
잡념 외로움 다 막아주는 경호원

당신은
이별 할 일 없고
배신 변심 걱정 없는
세상 끝 무덤까지 같이 갈 동반자

나목

겨울바람이 날 아무리 흔들어도
눈을 떠 보지 않는 이유는
춘삼월에 오신다고 약속한
봄님을 기다리고 있기 때문이라네

엄동설한 고통을 감내 하면서
버티고 서 있는 것은
봄님을 흠모하기 때문이라네

훈풍 몰고 봄님 오시면
그 때 실눈 뜨고
따스한 가슴에 살포시
내 몸 맡기려 하네

4부

우리 그때 만나요

감나무

시원한 바람이 매미소리 밀어내더니
가을을 데려왔습니다
산과 들에 가을을 뿌려놓았습니다
울긋불긋 가을이 듬뿍 묻어납니다
사람들은 결실의 계절이다 풍성하다 즐거워 하지만
나에게는 슬픈 계절입니다

긴 장마 찜통더위 세찬 바람에 한 자식이라도
놓칠까 노심초사 버텨왔는데
이젠 다 떠나 보내야했습니다
보내고 나니 어깨는 한결 가벼워졌으나
텅 빈 마음 채울 길 없어
얼큰한 취기 없이는 버티기 힘들기에
간 밤 내린 알콜비 실컷 마셨습니다

사람들은 혈색 좋다 아름답다
연거푸 셔터를 눌러대지만
그 시기도 잠시뿐
더 아픈 이별을 준비해야 합니다
매년 이맘때면 겪어야 하는 이별

죽기보다 싫습니다
홀로 나목되어 긴 엄동을 견뎌야 하는 고통과 외로움을
상록수는 아마 모를 것입니다

죽었다 다시 태어날 수 있다면
진정 상록수로 태어나고 싶습니다

우리 그때 만나요

가시려거든 가세요
기어이 가야 한다면 가야지요
다시는 못 올 줄 알지만
잡았던 손 스르르 놓는 당신을
하는 수 없이 보내 드리리다
먼저 가세요
부디 잘 가세요

가시거들랑 낯선 그곳
당신의 옆자리는 비워 두세요
그 자리는 생전에 당신이 사랑했던
당신의 아내 자리니까요

당신은 늘 그랬지요
아내만 곁에 있으면
그 장소가 어디든 행복하다고
옆자리 비워놓고 기다리세요
누가 빈자리 기웃거리면
내 아내 자리라고
곧 올 거라고 말하세요

이 몸 낡아 쓸모없어지는 날
육신과 영혼 분리되는 날
매미 허물 남기 듯 빈 육신 남기고
살짝 당신 곁으로 가리다
홀로의 여정 이야기 가득 챙겨 가리다
우리 그때 만나요

가을이 머물다 간 거리

무소유를 실천하는 가로수가
그 곱던 이파리 다 내려놓고
붙들고 있던 그림자마저 놓아주고
홀가분한 몸으로 겨울 맞을 준비를 하고 있다

색을 잃어가는 낙엽들이 해방감에 들떠
거리가 온통 그들의 축제마당이다
차도에도 인도에도 야단법석이다
바람과 어우러져 강강술래 뱅뱅 돌고
술래잡기놀이 한창이다

차이고 밟히고 부딪치고 바퀴에 깔려도
아랑곳없이 희희낙락이다
물끄러미 바라보고 있는 나목
좀 더 일찍 놓아주지 못함을 아쉬워하며
여윈 가지 일렁일렁 흔들어 답한다

인생의 가을 끄트머리에 선 나에게
무언에 교훈을 주고 있다

빈병

아낌없이 남김없이
다 쏟아 부었는데
결국은 이렇게 내버려진 신세다
차라리 그때
조금 남겨 간직했더라면
지금 이렇게 버림받지 않았을 것을

텅 빈 속은
바람에 부대끼던
흙먼지의 피신처가 되어
뿌옇게 오염된 몸뚱어리는
이리저리 차인다

허허로움에
벌린 입을 다물지 못한 채
길에 나뒹구는 빈병
오늘은 또 누구에 발길에 차여
어디로 굴러가려나

무심으로 살아볼까

아픈 마음 비워내고
눈물방울 채워보고

그 눈물 비워내고
외로움 채웠다가

외로움마저 비워내고
그리움 채워보네

이것저것 다 채워 봐도
텅 비어 고픈 마음

차라리 다 비우고
무심으로 살아볼까

새끼줄 · 1

안고 돌고
돌고 안고
안고 안고 돌고 돌고 있다
네가 나를 안고
내가 너를 안고
사랑해!
사랑해!
밤낮 사랑 타령이다
네가 없으면 내 존재가
있을 리 만무하고
내가 없으면 너의 존재가 있을 수 없으니
놓치지 말고 안고 있어야
존재가 유지되는
연리지 사랑
그들 사랑이
사랑 중에 최고의
참 사랑이로다

손자

우리 집에는 두 송이 꽃이 있다
내가 맡아 기르는 웃음꽃다
해가 바뀌고 달이 바뀌어도
시들지 않는 꽃
무럭무럭 잘 크는 꽃
때를 써도 예쁜 꽃
울어도 예쁜 꽃
웃으면 더 예쁜 꽃
보면 웃지 않고 못 배기는 꽃
굳은 근육이 이완되는 꽃
꽃 중에 꽃
인꽃

엔돌핀

손자 현이가 낮잠을 잔다
두 입술 한일자로 붙이고
소록소록 꿈나라 여행을 하고 있다
그 나라에도 희비가 존재하는 모양이다
방긋 웃다가 금방 입술
삐죽거리며 울먹이다
다시 웃는다
지금 막 슬픔에 터널을 빠져나온 모양이다

눈 감은 동안에도
이 할미 얼굴에
미소를 뿌려주는
나의 엔돌핀
보고만 있어도
시름과 우울함이 뒷걸음질 친다
힘든 대신
손자는 나에게 생기로 보답한다

스케치북 한 권

손자를 처음 어린이집에 보내면서
빈 스케치북 한 권
대문 밖에 내놓는다
두벌새끼로는 처음이라
설레기도 두렵기도 하다
어떤 색 어떤 그림이 그려질까
혹시 상처를 입지는 않을까
우려 반 기대 반이다

부디 맑고 밝은
예쁜 색의 물감으로
멋진 그림 그려진
스케치북이 되어주길 바랄 뿐
도리가 없다
더러운 유혹에 물들지 않는
영롱한 연꽃처럼
오염되지 않기를
빌고 또 빌 뿐이다

노년을 긍정하면서

먼저 간 사람에 비하면
지금 내가 살고 있는 이 삶은
염라대왕께서 내게
특별히 덤으로 주신 삶이리라

오늘 죽어도 아깝지도 억울하지도
않을 노년을 살고 있는 나는
어린아이가 세상만물을
처음 경험하며 자라듯

나 또한 세상의 급 변화와
내 모습의 변화에
새로움을 적응하려고 노력하며
하루하루를 뜻있게 살아가려한다

노년에 합당한 행동을 신중히 하고
내 의지와 상관없이 변해가는
생소한 나의겉모습과 뼈마디를
긍정의 마음으로 인내해야 함은
오직 나 자신의 몫이라 생각하면서

아버지 냄새

낙엽도 몸을 오그리고 돌아눕는
스산한 거리에
세월을 짊어진 어르신 한 분 걸어가신다
지난세월의 무게를 증명하듯
휘어진 등을 멜빵도 없이 지고 가신다

지하에 계신 내 아버지 생각이 난다
아버지 냄새가 코끝에 맴돈다
울 아버지 등에는 항상 지게가 업혀있었다
들에 가실 때는 거름이나 똥장군이 얹혀있었고
오실 때는 땔 나무나 소꼴이 얹혀있었다

어머니 먼저 보내시고 술을 벗하여 사신 아버지
당신 이름자는 모르셔도
희생정신이 강하셔서 자신이 손해를 보더라도
집안 대소사 다 맡아 치르시던 마음 넉넉한 아버지
치아는 황금색이지만 칠 십 평생 충치를 모르고 사신 아버지

살코기보다 뼈가 더 맛 난다 하시며
어지간한 고기는 뼈째 다 드시던 아버지
고뿔 걸리면 막걸리에 고춧가루 타서
한 사발 마시고
이겨내시던 건강하신 아버지

담배연기 자욱한 사랑방에서 엄마 없어 가엾다 하시며
핫바지 다리 사이에 끼워 꼭 안아주실 때면
명주이불 속에 묻힌 양 따스하던 아버지 품속
댓진냄새와 어우러진 곰삭은 술 냄새를 몰고
내 이마를 스치든 깊은 호흡은
구들장이 꺼져라 소나기처럼 방바닥에 내려앉았지

아버지 긴 수염에 부드러운 촉감을 느끼며
철없던 나는 엄마의 뱃속같이
포근하고 아늑함에 안도에 잠을 청하곤 했지

아, 아버지 몸에서 풍기는 냄새
곰삭아 달큰한 그 술 냄새
땀 냄새가 그립다

치매

묵은 가시넝쿨 같이 낡은 몸
너무 허술해
영혼마저 갈피 못 잡아
수시로 들락날락

두 발로는 역부족이라
세 발로 저승 향해 가고 있지만
정신이 혼미하니
저승 문을 찾지 못하네

변신이야 되었다만
변심까지 되었으니
저 일을 어찌 할꼬

무릎관절

내가 아끼고 사랑하던 친구가 심통이 났다
이제 일하기 싫단다
육십 년 넘게
나를 위해 희생해주었으니
그만 부려 먹으란다
몇 차례의 경고를 무시했더니
퉁퉁 부은 얼굴로
브레이크를 걸고 나섰다

침 주사 약 뜸 파스 찜질 마사지
그동안 오만 가지 방법 다 동원해
너에게 보답한다고 했으니
내게 이렇게 고랑때 먹이지 말아다오
너나 나나 갈 길도 얼마 안 남았으니
마음 풀고 우리 힘내서
사이좋게 가자구나

초등학교 6회 동기생

신록이 무르익은 5월 어느 날
팔공산 쑥떡식당에 매원초등 6회 동기생이 모였다
모진세월에 머리칼이 허옇게 바랬고
얼굴엔 메울 수 없는 고랑이 제멋대로 파였어도
이름난 미녀 미남보다 더 반갑고 친근감이 간다

옛날엔 상상도 못할 남녀 간의 악수가 정겹게 이어진다
가방끈이 길던 짧던
돈주머니가 크던 작던
잘 났던 못 났던 따질 일 없고
기죽지 않아도 되는 허물없는 자리라 좋다

내일모레면 칠순이 기다리고 있지만
6년간 한 마루 바닥 한 교실에서 지낸
우리들끼리는 코흘리개 애들이다
그때 몰랐던 우정이 이제야 고개를 쳐들고
봇물처럼 쏟아진다

이렇게 허물없고 미더운 친구들은
거금을 줘도 살 데가 없을 것이다
나이 들면 친구가 있어야 된다 하지 않던가
최종 학벌이 초딩인 나지만
세상 무엇과도 바꿀 수 없는
귀한 벗들이 내 주위에 있어
마냥 뿌듯하고 행복하다

지독한 정

자라면서 얼굴 한 번 본 적 없이
다 커서 만난 그 사람
피도 살도 섞이지 않은
성씨까지 다른 그 사람
그 사람이 가고 없는데
이토록 아파하며
보내지 못 하는 이유는
한 공간에서
한 솥밥 먹고
한 이불 덮으며
자식 놓고 산
정이 들어 그렇다 하네

그놈의 정
정이 무엇인지
이렇게 독한 줄은
미처 몰랐네

떡집아제

몇 백 년 살끼라꼬
몇 천 년 살끼라꼬
떡고물 작업복에
동서남북 가가호호
허둥지둥 배달하느라
청춘 다 바치고
허리 펼 날 없던 떡집아제

희뿌연 떡고물 옷
언제 벗겠노 캤디마는
벗을라 카이 너무 숩더라
환자 옷 수의 옷
빽 없어도 잘만 갈아입더라
일사천리로 잘 갈아 입더라

울 어무이

말라꼬 이런 거는 싸오노 돈도 없어미
오마 그양 오지
그양 와도 내사마
아들 보듯이 니 얼굴 함 보마 되는데
내 무울꺼는 걱정 안 해도 된다
내야 뭐 이우지서 마이 갖다 주사서 묵을끼 처 밀렀다
저 냉장고 안에 함 봐라
니 가미 다부로 쫌 가가라
내가 무 보이 얼매 묵나
때로 밥 한 수까락 하마 되는 거 반찬이 더가나
얻은 것도 다 못 묵는다
인자 젊을 때 메로 그래 못 묵는다 아이가

아나 니나 무라
지발 니나 마이묵고 몸 좀 챙기레이
죽도 못 얻어 묵는 거 메로
시죽시죽하이 해가 있지 말고
곱은 옷도 사입고 존대 놀로도 댕기고 해라
아이고 오
나는 마 니마 생각하마

이 가슴이 아프고 불쌍해 죽겠데이
젊을 때는 돈 벌인다고 밤잠도 안자고 설치 삿타
나 무마 편해야 될 낀데
아 본다고 그래 메이가 있는 거 보이께
그 곱던기 다 늙는다 싶어가 애가 터져 죽겠다

아이구 우
손자 그거 키아가 무슨 영화 보겠노
아는 잘 봐야 본저이라 카는데
그거 안 봐줄 수도 없고 보통 큰일 아이다
앞에 국시집 아지매는 니캉 한동갑인데도
볼태기가 봉통하이 뽀하이 안주 색씨 겉데이
그 집에는 영감이 있응께 둘이 차타고
천 날 만날 오만데 떼만데 다 뎅기미
입맛대로 싸묵고하이 그렁강
휴… 쯧쯧

지 걱정은 하지 마이소
우째 살아도 안 살겠습니까
어무이나 귀찮다고 굶지 말고예

끼니 꼭꼭 챙기잡수꼬 그라이소
어무이는 마 우야든지
건강한기 우리 도와주는 김니더
우리가 가찹기 안 있는 어무이가
암만 굶어도 모린다 아임니꺼
우야던지 열심히 챙기 잡수이세이…

오냐 알겄다
가아라 고마
자꾸 있으마 뭐 하노 가봐라

네 어무이 가보께예
응 조심해래이

구순을 바라보는 울어무이는
딸 손자 손녀 다 있지만
내가 유일한 언덕인가보다
부쩍 나를 많이 아끼시고 챙기신다
예전에 그 당당하시던 모습은 어디 가고
꼬리가 자꾸 땅으로 내려가는 것 같다
측은하고 불쌍한 울어무이

새끼줄 · 2

생의 한 가닥이 떨어져나가
땅 속에서 썩고 있기에
남은 한 가닥의 생이
한 올에 지푸라기신세로 버텨간다

겉보기엔 멀쩡해
화려하게 보일 진 몰라도
마음은 너무 가늘어져 있고
속은 먼저 간 한 가닥과 같이
꺼멓게 썩어가고 있다

기역자 그리는 할매

땅 물고 기역자 그리며
열심히 걸어가는 저 할매
평생을 낫 놓고 기역자를 모르고 살다가
팔순 넘어 요새 배운 기역자 까먹을 까봐
복습 중이라 하시네

팔 흔들면 기역자가 안 되니
두 손을 엉덩이에 딱 붙여야
기역자가 된다 하시네
일자도 배웠다며
걷다가 한 번씩
일자도 잘 그리시는
팔순의 기역자 할매

작품해설

상전벽해, 그 번화의 길목에서

김순진(문학평론가 · 고려대 평생교육원 시창작강사)

이윤순 시인과 필자가 만난 것은 그리 오래지 않다. 시인은 처음 그냥 문학을 좋아하는 수준이었다. 필자가 운영하는 인터넷 카페에 오면서 그녀의 실력은 일취월장하기 시작했다. 그는 계간 <스토리문학> 2011년 여름호 통해 수필가로 등단했다. 그녀의 수필은 생활 속에서 채록된 마음의 글로 감동을 주기에 충분했었다. 시로 등단하고 싶었지만 필자는 아직 이르다며 수필로 등단할 것을 권유했었다. 그리고 계간 <스토리문학> 2012년 가을호를 다시 시로 등단했다. 나는 그분의 글이 올라올 때마다 격려해드렸다. '이런 것도 시가 되느냐?'고 물어올 때마다 '정말 잘 쓰셨다'고 칭찬해드렸다. 가끔 좋은 작품이 올라왔지만 '혼자 쓰시기에는 좀 부족하지 않나'하는 우려를 했던 것도 사실이다. 손자를 보고 있는 환경 탓에 대구 시내에 있는 대학의 평생교육원 같은 곳에 나가 공부할 수 있는 환경이 안 되었다. 그렇다고 필자가 날마다 붙들고 인터넷이나 전화로 강의해드릴 수도 없는 일이어서 안타까움은 더했다. 잘 쓰시기도 했지만 격려차원의 립싱크도 많았다. 그리고 또다시 1년이 흘러 그녀는 시집 원고를 보내왔다. 그동안 필자는 이윤순 시인의 작품력에 대하여 신통치 않다는 생각을 가지고 있었던 차였다.

시집 원고를 받아들고 필자는 깜짝 놀랐다. 가슴이 벌렁벌렁 뛰면서 눈을 의심했다. 다른 사람의 원고가 잘 못 전달된 것은 아닐까하는 생각이 들었다. 그의 시는 상전벽해가 되어 있었던 것이다. 어떻게 이렇게 잘 쓰실 수가 있었을까? 의구심마저 들었다. 단 한 번 시창작교육을 받은바 없다는 분이다. 게다가 교육이라고는 초등학교 학력이 전부라는 분이다.

그의 시적 주소는 뽕나무밭이나 앵두나무 우물가, 징검다리 개울가에 있지 않다. 번화가에 위치하고 있으며 빌딩 숲을 이루고 있다. 그가 다루고 있는 소재들은 모두들 하나 같이 현대 대한민국 시단에서 추구하는 소재들이고, 현대시가 요구하는 현장 속의 문제작들이다. 이 시인은 마치 필자가 강의하는 고려대 평생교육원 강의실을 날마다 도강을 한 듯 거의 나의 시적 방법론을 꿰뚫어보고 있다. 정말 혀를 내두를 노릇이다. 그의 시들은 인칭심상법으로 표현되거나 관찰심상법, 성찰심상법, 묘사삼성법, 상상삼상법에 이르기까지 다양한 방법으로 표현되고 있다.

이건 기적이다. 마이산에 탑사에 가보면 80개의 돌탑이 쌓아올려져 있다. 그 석탑에 들어간 돌은 수백만 개일 것이다. 그 돌을 쌓아올리기 위해서 얼마나 많은 공이 들었을까는 가히 가늠이 되지 않는다. 그런데 이윤순 시인이 보내온 시 81편은 하나같이 빼어난 석탑군을 이루고 있다. 수백만 개의 언어들과 수백만 가지

시간, 사연들이 공들여 쌓아올려진 석탑군 앞에서 필자는 입을 다물 수가 없었다. 여러 명의 승려가 쌓아올렸을 것으로 짐작되는 마이산 탑사의 돌탑들을 보려고 날마다 수많은 사람들이 찾아와 감탄을 하고 있다.

초등학교 졸업의 이력을 가진 이윤순 시인이 쌓아올린 81개의 석탑군! 이제 이 고귀한 석탑군을 찍은 마음사진첩이 여러분 앞에 다가간다. 이윤순 시인을 아는 사람이라면 모두들 그가 쌓아올린 인생의 고귀한 탑에 감동할 것이다. 박수를 보낼 것이다. 그럼 이쯤에서 이윤순 시인이 그녀의 석탑 속에 어떤 특별한 비밀을 숨겨두었는지 몇 개를 허물어 관찰해보자.

어둠을 발길로 차내며
돈 사냥을 위해 포수들이 모여들었다
미끼는 각자 다르다
없는 것 빼고 별의별것 다 있다

귀도 눈도 입도
새벽부터 요깃거리에 홀려있는 조찬시간이다
포수들이 돈 사냥에 분주하다
사람냄새가 안개처럼 자욱한 달성공원 번개시장

아재 포수 전대도 아지매 포수 돈치마도
볼록하게 채워지고
모닥불에 익어가는 포수들의 얼굴에 미소가 번진다

어둠 속에 박쥐 떼같이 모여 들었다가
날 밝으면 후다닥 날아가

오전 여덟 시 반이 지나면 깨끗한 차도로 변신하는
달성공원 번개시장

– 「달성공원 번개시장」

이 시는 관찰심상법에 의해 쓰여진 시다. 그러면서 상상심상법이 가미되었다. 시인에게 삶은 그대로 투영되지 않는다. 때론 포수로 때론 호랑이로 때론 그물로 때론 물고기로 읽힌다. 시인이 바라본 대구 달성시장의 상인들은 포수다. 상인들은 새벽부터 사냥을 하기 위해 사냥터로 모여든다. 저마다 미끼가 다르다. 포수가 토끼나 새를 날려 늑대나 독수리를 사냥하듯 상인들은 야채, 생선 등 갖가지 미끼로 돈사냥에 나선다. 그리고 재빨리 사냥을 마치고 저마다 삶의 터전으로 되돌아간다. 시인에게 그런 소재 또한 너무나 탐나는 사냥꺼리다. 이 시인은 '이거 시 되겠다' 싶은 '시의 종자'를 얼른 채취하여 마음 밭에 심는 일을 게을리 하지 않는다. 장사라는 원관념을 감추고 사냥이라는 보조관념을 앞세워 시를 사냥하는 이 시인의 사냥솜씨는 '이고 가는 여인의 물동이를 화살로 쏘았다가 물이 새자 다시 다른 화살을 쏘아 막았다'는 고주몽의 화살 실력과 과히 견줄 만하다.

나에겐 단골 카페가 있다
그 카페는 하루도 안 들리고 못 베기는 곳이다
하루에 몇 번씩 들락거려도
속옷 바람으로 가도
돈 한 푼 쓰지 않아도
눈치 주는 사람 없고

갔다하면 시간 가는 줄도 모른다

구수한 커피 한 잔 안 마셔도
향긋한 전통차 안 마셔도
지루한 줄 모르는
조용한 카페를 나는 즐겨 찾는다

존경하는 님들의 시향에 젖어
미소도 짓고 씁쓸해하기도 하고
답글도 남기며
세상사 잊고 다 잊고
세월을 낚는 카페가 있어
나는 좋다 참 좋다

– 「단골 카페」

시인은 필자가 운영하고 있는 다음 카페 <한국스토리문인협회>의 운영자다. 그녀는 2010년 3월 22일 가입한 이후 단 하루도 카페에 들어오지 않은 날이 없다. 농부가 매일 논에 나아가 물고를 보고 밭에 나아가 작물을 돌보듯 그녀는 매일 같이 하루에도 몇 번씩 카페에 나와 앉는다. 출석인사를 하고 '14자 끝말잇기'를 하고, 올라오는 시마다 '덧글'을 쓴다. 날마다 쓰는 습관이 그녀를 이토록 심오한 시인의 세계로 이끈 것이 아닌가 하는 생각이 든다. 자신에게 가장 훌륭한 스승은 자기 자신이다. 본인이 얼마나 공부하려고 드느냐에 따라 자신의 실력은 향상되어간다. 2011년 KBS TV 제44회 퀴즈대한민국에서 우승한 임성모

씨는 어려운 가정형편으로 학업 포기하고 중학교 졸업 후 트럭기사의 길을 선택하였다. 같은 중졸 학력의 열쇠수리공이 퀴즈영웅에 오르는 것을 보고 용기를 내어 퀴즈달인에 도전했다는 임씨는 근무 중에도 수시로 책을 보는 노력 끝에 마지막 문제의 답인 '원숭이'를 맞추며 상금 4,000만원과 함께 퀴즈 대한민국 제 44회 퀴즈영웅에 등극한 바 있다. 그는 이 시대에 젊은이들에게 '어떤 난관에 봉착하더라도 쉬지 않고 앞으로 나아가라'며 청년들을 응원했다고 전한다. 나는 시계수리공이나 화물차 기사의 신분으로 퀴즈영웅이 된 것처럼 50년 솥뚜껑운전사의 경력으로 시집을 내는 이윤순 시인 역시 영웅이란 생각이 든다. 공부를 즐거움으로 생각하고 날마다 시를 읽고 쓰는 노력해온 결과로 퀴즈영웅이 아니라 시영웅이 탄생된 것이다.

먼지 뒤집어쓰고 흙탕물 튕기며
험한 비포장 길을
오직 앞만 보며 굴러오다
갑자기 바퀴 하나 빠져나갔다
삐거덕 덜커덩 삐거덕 덜커덩
비록 소리는 요란했지만
바퀴 둘은 언제나 하나이었기에 서로를 의지하며
좌절보다 행복을 꿈꾸며
꿋꿋이 굴러올 수 있었는데

한 쪽 바퀴를 잃어 멈춰버린 손수레는
제 자리에 그냥 서있기도 힘들어
한 쪽으로 기울어진 채 서있다

아무리 아파도
병들어 빠져나간 바퀴는 돌아올 수 없다

슬픈 현실을 지탱하기 위해
깊고 긴 호흡으로
몰려오는 회한을 추스르고
마음을 가다듬어야 함은
오롯이 남은 바퀴에 몫
기운 쪽을 고여 줄 받침대를 대신할
그 무엇을 찾아
오늘도 비상을 위한 날개를 퍼덕인다

–「바퀴 하나 빠진 손수레」

이 시는 성찰심상법에 의해 쓰여진 시다. 부부는 가정을 이끄는 한 대의 손수레다. 두 바퀴가 마주 굴러야 가정을 싣고 행복으로 달릴 수 있다. 그런데 이윤순 시인의 부군께서 먼저 저 세상으로 떠나셨다. 그리고 이윤순 시인은 홀로 가정을 돌보면서 살아오셨다. 해방 때 태어나 6.25동란과 보릿고개, 근대화과정에 이르는 멀고 험난한 인생의 가시밭길을 헤쳐나오셨다. 두 부부가 결혼하여 비록 삐거덕 소리가 나긴 했지만 꿋꿋이 굴러올 수 있었는데 "먼지 뒤집어쓰고 흙탕물 튕기며 / 험한 비포장 길을 / 오직 앞만 보며 굴러오다"가 "갑자기 바퀴 하나 빠져나갔다" 그러니 시인은 자신의 말처럼 제자리에 혼자 서있기 조차 힘들었을 것이다. 그렇지만 시인은 좌절하지 않았다. 마음의 숫돌에 오기와 자숙과 평정의 시를 갈고 또 갈았다. 그리하여 그녀는 "기운 쪽을 고여 줄 받침대를 대신할 / 그 무엇을 찾아 / 오늘도 비상을 위한 날개를 퍼덕인다"고 말한다. '그 무엇'은 어떤 것일까? 창작이라는 것이다. 그가 지금 홀로 손자들을 돌보며 살림을 도맡아 하는 환경에서 가장 잘 할 수 있는 것은 시시때때로 카페에 들어오면서 그때그때마다 생각나는 추억과 사물과의 대화를 통해 나오는 생각들을 받아쓰는 것이다. 그래서 그녀는 그녀 생애에 처음 내는 책인 시집을 내고 있고, 연이어 수필집을 상재하게 될 것이다. 이 시집은 수 만 개의 발을 달고 전국 방방곡곡으로 퍼져나가 수많은 사람들의 가슴에 메아리치게 될 것이다. 그녀는 자신의 말처럼 "오늘도 비상을 위한 날개를 퍼덕"이고 있다고 하는 성찰에서 우리는 새로운 희망을 얻는다.

손자를 처음 어린이집에 보내면서
빈 스케치북 한 권
대문 밖에 내놓는다
두벌새끼로는 처음이라
설레기도 두렵기도 하다
어떤 색 어떤 그림이 그려질까
혹시 상처를 입지는 않을까
우려 반 기대 반이다

부디 맑고 밝은
예쁜 색의 물감으로
멋진 그림 그려진
스케치북이 되어주길 바랄 뿐
도리가 없다

더러운 유혹에 물들지 않는
영롱한 연꽃처럼
오염되지 않기를
빌고 또 빌 뿐이다

-「스케치북 한 권」 전문

그녀는 지금 아들과 며느리가 직장에 다니기 때문이다. 집에서 손자들을 돌보고 있다. 어여쁜 손자들과 하루 종일 씨름을 하는 것이 즐거운 일이기도 하겠지만, 어찌 보면 감옥살이 같은 삶이기도 하다. 밖으로 쏘다니고 싶기도 할 것이고 어른들과 만나 대화도 가지고 싶을 것이다. 그러나 가장 좋은 여행은 내 마음의 여행이며 가장 좋은 대화상대는 나 자신임을 시인은 잘 알고 있다. 시인은 무슨 일이건 최선을 다하며 순응하는 삶의 습관을 지녔다. 그래서 손자를 돌보미를 직업으로 나선 것이다. 어느 직장이든 애로사항이 있고 특수성이 있다. 지금까지도 잘 해오셨지만 손자들 돌보는 일을 수고라 생각지 마시고 직장생활이라 생각한다면 육아일기도 책으로 펴내시고 동시집도 펴내실 수 있는 더욱 좋은 기회가 될 수 있다고 말씀드리고 싶다. 어린이를 바라보며 동시를 쓴다는 것은 교과서를 바라보며 공부를 하는 것과 같은 효과가 나올 것이기 때문이다. 시인은 "손자를 처음 어린이집에 보내면서 / 빈 스케치북 한 권 / 대문 밖에 내놓"는다. 불안덩어리 하나를 내놓는 것이 아니라 하얀 스케치북 한 권을 내놓는다고 말하는 시인의 말씀에 눈이 번쩍 뜨인다. 가끔 필자의 강의실에 시를 배우기 위해 등록하는 분들 중에는 다른 곳에서 배우다

오신 분이나, 이미 자신의 시풍이 굳어져서 필자가 하는 강의가 잘 안 먹히는 분들을 보게 된다. 그럴 때마다 속이 상하다. 그런데 그 분들은 이미 하얀 도화지에 자신도 잘 모르는 그림을 여러 번 그렸다가 지웠으므로 정말 좋은 시를 쓰기 위해서는 자신이 지금까지 써오던 스케치북을 내려놓고 새로운 스케치북을 가지고 수업에 임해야 한다. 그런데 그분들은 자신이 써오던 스케치북의 맨 뒷부분 몇 장에 내 강의의 그림을 그리려고 하니 좋은 작품을 그릴 수가 없는 것이다. 이윤순 시인의 손자는 윤순 시인이 준 마음의 스케치북에 태어나서 처음으로 그림을 그리고 있다. 그 그림이 그려질 때마다 손자도 새로울 것이며 부모나 할머니도 새로움을 느끼게 된다. 아이의 스케치북에 그려진 그림은 잘 잘못을 따질 수 없는 그림들이다. 한일자 한 줄만 그어도 잘 그렸다고 하는 시기에 풀이든 바위든 무슨 상관이랴. 어린이가 그리는 것은 우리의 미래고 꿈이다. 시인의 소망처럼 "부디 맑고 밝은 / 예쁜 색의 물감으로 / 멋진 그림 그려진 / 스케치북이 되어주길 바랄 뿐"이다.

가무잡잡한 피부에
쌉사름한 향기로 다가와
내 마른 입술 촉촉이 적시며
침샘을 자극하는 당신
고운 색깔도 아니고
달콤하지도 않은
당신의 은근한 매력에
내가 완전 홀렸다오

하루라도 만나지 않으면
왠지 허전한 당신
연인끼리의 달콤한 속삭임엔
쉼표가 되어주고
서먹한 대화에는
이음새가 되어주고
고달픈 사람에겐 위로가 되고
활력소가 되는 당신
날마다 마주해도 싫증나지 않는
매력쟁이 당신

―「아메리카노」 전문

이제 세계인들에게 커피는 뗄 수 없는 관계에 있다. 현대인들은 밥값보다 커피값을 더 많이 지불한다고 해도 과언이 아닐 정도로 커피사랑에 빠져 있다. 어찌 보면 서구문물에 너무 깊이 들어온 것이 아닌가 하는 생각이 든다. 한두 잔은 건강에도 좋고 정신건강에도 좋다고 한다. 그런데 너무 자주 마시게 되면서부터 위장병과 당뇨 등의 합병증을 유발하는 사례를 종종 접하게 된다. 이제 고속도로에서도 300원이면 마실 수 있던 자판기 커피는 사라지고 '베네'라는 회사나 '스타벅스' 같은 커피전문점이 우후죽순으로 생겨나 최하 3,000원은 가져야 커피를 한 잔 할 수 있다. 회사 근처에서 점심을 라면이나 햄버거로 때우고 커피전문점에서 들어가 수다를 떨며 4,500원짜리 커피를 마시는 것이 요즘 젊은이들의 세태다. 한번은 농민문학 사무실이 있는 청계천 2가 커피전문점에 올라간 적이 있는데, 젊은이들은 아예 컴퓨터를 가지고 와서 커피를 몇 잔 씩 주문하며 그곳에서 팔고 있는 와플 정도만 먹고 하루 종일 글을 쓰거나 웹서핑을 하거나 공부하는 것이 요즘 세태다. 이 시는 인칭은유심상법에 의해 쓰여진 시다. 가무잡잡한 피부에 커피를 2인칭인 당신으로 놓고 쓴 2인칭은유심상법의 시이다. 인칭은유심상법에서 유의해야 할 점은 은유하려는 사물의 특성을 절대로 누설해서는 안 된다. 사물을 사람으로 보고 사물이 가지는 사람의 특성만 이야기해야 좋은 시를 완성할 수 있는데, 이윤순 시인은 어디서 배운 바도 없이 독학만으로 이 정도의 실력을 완성할 수 있었다는 것은 실로 놀랍다. 시인의 말씀대로 커피는 이제 현대인, 특히 여성들에게 "하루도 만나지 않으면 / 왠지 허전한 당신"이 되었는데, 그녀에게 있어 시 또한 그러니 그녀의 애인은 둘인 셈이다.

밤비에 목욕 재개한
연 초록에 비슬산
어설픈 숲에서
어설픈 시인이
어설픈 나무 그늘에 앉아
시를 받아 적어본다

새들도 바람들도 계곡물들도
자기들만의 언어로
계속 뭐라고 시부리샀는데
신출내기 시인은 영
알아들을 수가 없다

신지 시조인지
유행가인지 팝인지
어떤 이바구를 하는 건지
보이는 대로 들리는 대로
느낌대로 한 번 적어보는데

뭘 알아듣기나 하고 끼적거리느냐고
내려다보고 있던 나무들이 실실 웃는데
듬성한 그늘 사이로
해님이 찡긋 윙크하며
잘 하고 있는 거라며
힘내라 어깨를 토닥여준다

– 「어설픈 시인」

시인은 자신을 일컬어 스스로 어설픈 시인이라고 말한다. 어떤 시인이라도 내면에는 그런 감정은 도사리고 있다. 필자는 그것을 겸손으로 읽는다. 시인은 자연이 하는 말을 받아 적으려 애쓴다. 딱 맞는 말씀이다. 시는 짓는 것이 아니라 받아쓰기다. 태양의 말을 받아쓰고 바위의 말을 받아쓰며 나무의 말이나 물의 말을 받아쓰면 되는 것이다. 일반인들은 태양이나 바위, 나무나 물이 무슨 말을 하느냐 할 것이다. 그런데 그 말들은 내면을 정화한 시인에게만 들린다. 시인은 "신지 시조인지 / 유행가인지 팝인지" 몰라 "어떤 이바구를 하는 건지" 모르겠다고 하지만 그들은 시인의 말씀처럼 시로, 시조로, 수필로, 소설로 나타나며 유행가로 팝으로 또는 판소리처럼 자유롭게 그때그때 대화의 상대가 누구냐에 따라 말을 전해준다. 그러면 우리는 내 감정에 따라 받아쓰기를 하면 훌륭한 시가 되는 것이다. 이 시인께서 하시는 것처럼 "보이는 대로 들리는 대로 / 느낌대로 한 번 적어보는" 것이 시쓰기의 지름길이니 지금 매우 잘 하고 계신다고 말씀드릴 수 있겠다.

다음의 시 두 편을 읽어보자.

①
하늘이 꾸무리하이
똑, 저녁 굶은 시오마이 같이
잔뜩 찡그리고 있다
금상이라도 설음의 눈물
뚜둑뚜둑 흘릴 것 같다

이런 날은 산책하기 좋은 날이다
창이 긴 모자를 안 쓰도
꺼실리지 않아 좋고
덥지 않아 좋다

새기새기 부지리이 걷다가
왠지 허전해 주위를 둘러보이
자국자국 따라 댕기던
껌디이 친구가 안 빈다
앞에도 옆에도 뒤에도 없다
눈을 닦고 봐도 흔적이 없다

내 아니면 몬 살고

내 아니면 존재할 이유도 없따꼬
알랑방구 끼미 따라 댕기던 그 친구가
밤사이 변심했는 갑따
햇빛이 부재인걸 보니
날 따돌리고 저거끼리 눈 맞아
데이트 갔능 갑따

－「그림자」 전문

②
닷 마지기 논배미에
허수 저거 아부지
맨날 혼자 저래 서 있네
교통사고 당했능강
다리도 외다리를 갖고
힘도 엉가이 들 낀데
고개 한 번 안 돌리고
계속 그 쪽으로만
눈이 빠지도록 보고 있네

아이구
암만 캐도
가마이 보이끼네
허수 모자 기다리는 갑따
허수 저거 어무이
딴 남자캉 눈 맞아
허수 델꼬
집나간 줄도 모리고

쯧 쯧…

– 「허수아비」

위의 따옴시 ①, ②는 시 전체가 대구지방의 사투리로 이루어져 있다. 사람들은 자꾸만 도시를 지향한다. 삶이 편해지기 때문이다. 이젠 시골에서도 불을 때는 아궁이를 찾아볼 수 없게 되었다. 부뚜막은 슬그머니 사라지고 입식 부엌이 되었다. 옷칠이나 자개를 박은 교자상은 이제 제사 때나 쓰게 되었다. 이젠 집을 사서 집들이를 하거나 아이들 돌 백일을 차려도 뷔페식당에 가서 한다. 여인네들이 집에서 요리를 장만해 손님을 불러들이는 문화는 호랑이 담배피던 시절의 소리가 되고 말았다. 그렇다고 해서 시까지 도시화될 필요는 없다. 서구화될 필요는 더욱 없다. 일부 시인들은 아는 체, 든 체를 하느라 시에다 한자용어를 자주 쓰거나 듣도 보도 못한 외래어를 사용해서 유식한 척 거드름을 피운다. 그런 시를 보면 시를 오래 써온 시인들은 "아직 많이 배워야겠군!" 하고 피식 코웃음을 웃고 만다. 가장 잘 쓸 수 있는 시는 자신이 나고 자란 고장의 풍습과 추억과 언어로 이루어진 시다. 안동지방의 어머니가 며늘아기한테 "아야, 정지 가서 정구지 좀 가져오그래이."라 심부름을 시켰다 치자. 시를 모르는 사람들은 "새아가, 부엌에 가서 부추 좀 가져오너라."라고 쓴다. 그렇게 하면 시의 참맛을 느낄 수 없다. 안동이면 안동지방에 내려오는 사투리를 그대로 써야 찰진 맛의 시를 맛볼 수 있다. 그런 점에서 이윤순 시인이 쓰고 있는 사투리 시는 매우 좋은 발상이다. 게다가 그림자나 허수아비를 사람으로 놓고 시를 쓰니 시가 찰지고 맛깔스럽다. 대구에서 태어나고 자란 이윤순 시인이 가장 잘 쓸 수 있는 시는 대구 지방에 내려오는 풍습과 언어를 가지고 시를 쓰는 것임을 그녀는 배우지 않고도 몸으로 읽어낸 것이다.

이 시는 묘사심상법에 의해 쓰여졌다. 우리는 말이라는 상품을 가지고 손님을 만난다. 우리의 손님들은 누구의 말이 더 맛있나. 누구의 말이 더 쫄깃한가. 누구의 말이 더 향기로운가를 찾아다니며 물건을 고른다. 따라서 시인은 말놀이를 통해서 독자들의 눈을 끌어 모아야 한다. 시집 한 권을 읽었는데 그게 그거 같은 시집을 누가 돈 주고 사겠는가? 모두 자연만을 노래했다거나 모두 사랑타령만 했다면 그 시집을 사려는 대상은 좁혀질 수밖에 없다. 다른 지방에 가서 말을 사오거나 외국말을 수입해서 시에 쓸 필요는 없다. 자기가 살고 있는 지방의 말을 채택해서 쓰면 그것이 가장 좋은 시어가 될 수 있다. 자기가 살고 있는 지방의 풍물, 관습, 관광지, 유래 등의 소재를 채택해서 쓰면 그것이 가장 좋은 소재다. 백석은 평안도 정주 지방에 내려오는 놀이인, 어릴 적 다리를 펴서 서로의 사이에 끼고 노래를 부르며 하는 놀이를 채택하였고 정지용도 충북 옥천 지방에 내려오는 사투리나 풍습 등을 적극 채택하고 있다.

이상에서처럼 이윤순 시인의 시 몇 편을 읽어보며 그녀가 가지고 있는 생각이 무엇이며, 어떤 시를 어떤 방법으로 쓰고 있나 들여다보았다. 앞서 말한 바와 같이 정말 깜짝 놀랄 일이다. 옛날 과거시험의 선발 방식은 시쓰기였다. 전혀 문학을 공부해보지 않은 분의 시가 이정도의 경지에 올랐다는 것은 과거시험에 급제

한 바나 다름이 없다. 혼자 피라미드를 쌓은 바나 진배없다. 그녀는 자주 백일장에 나가 응모를 한다고 한다. 아름다운 도전이다. 이 세상의 모든 일들 중에 하지 못하는 일이 있다. 도전하지 않는 일이다. 도전한다면 어떤 일도 이룰 수 있는 것이다. 사람들은 자꾸만 환경 탓을 한다. 학벌이 부족해서, 나이가 많아서. 여자라서, 솥뚜껑 운전수라서, 시골출신이라서, 지방에 살아서, 안 먹어본 것이라서, 못 가본 곳이라서, 힘이 약해서, 이혼했기 때문에, 사별을 해서, 혼자살기 때문에, 미혼이라서, 기혼이라서, 키가 작아서, 뚱뚱해서……. 그렇기 때문에 할 수 없는 것이라 단정해버린다. 그러나 그렇지 않다. 할 수 없는 것은 그런 이유 때문이 아니라 스스로가 못할 것이라고 단정을 짓기 때문이다. 겨우 60살 지난 사람들이 마치 인생을 다 살아 죽을 날을 받아 놓은 듯 마지막으로 내는 책처럼 말할 때 나는 화가 난다. 나무는 늙으나 젊으나 똑 같은 잎사귀를 지니고 있다. 똑 같은 생각을 지니고 하늘로만 향하기 때문에 똑 같이 푸르다. 그런데 사람들은 만나기만하면 나이를 잰다. 이제 나이 좀 그만 재고 푸르른 생각을 재보자. 희망의 크기가 누가 더 큰가, 누가 더 아름다운가를 재보자. 이윤순 시인처럼 할 수 있다는 생각을 해보자. 그러면 인생이 젊어질 것 같다. 살맛나는 세상, 그것은 도전을 통해서만 갈 수 있는 세상이란 생각을 이윤순 시인한테서 배운다. 이번 겨울에 첫 시집을 상재하고 나서 다음에는 수필집을 내고 싶다는 이윤순 시인의 당찬 포부에 마음이 설렌다.

이윤순 시집

스케치북 한 권

초판인쇄일 2013년 11월 22일
초판발행일 2013년 11월 28일

지은이 : 김순진
발행인 : 김순진
편집장 : 전하라
디자인 : 김초롱
펴낸곳 : 문학공원
등　록 : 2004년 3월 9일 제6-706호
주　소 : (우편번호 130-814)서울 동대문구 난계로 26길 17호
삼우빌딩 C동 302호 스토리문학사
전　화 : 02-2234-1666
팩　스 : 02-2236-1666
홈페이지 : http://cafe.daum.net/yob51
이메일 : 4615562@hanmai.lnet

※ 책값은 뒤표지에 있습니다.